돼지학교에 오신 것을 환영합니다!

백명식 글·그림

강화에서 태어나 서양화를 전공했습니다. 출판사 편집장을 지냈으며, 다양한 분야의 책과 사보, 잡지 등에 그림을 그리고 있습니다. 특히 어린이들이 좋아하는 책을 쓰고 그릴 때 가장 행복하다고 합니다. 그린 책으로는《WHAT 왓? 자연과학편》《책 읽는 도깨비》《자연을 먹어요 시리즈》등이 있으며, 쓰고 그린 책으로는《인체과학 그림책 시리즈》《맛깔나는 책 시리즈》《저학년 스팀 스쿨 시리즈》등이 있습니다. 소년한국일보 우수도서 일러스트상, 중앙광고대상, 서울일러스트상을 받았습니다.

곽영직 감수

서울대학교 물리학과와 미국 켄터키대학교 대학원에서 공부했습니다. 저서로는《곽영직의 과학캠프》《교양 과학 고전》등이 있으며, 어린이를 위한 과학 그림책인《더더더 작게 쪼개면 원자!》《데굴데굴 공을 밀어 봐》등이 있습니다.《빅뱅》《신성한 기하학》등을 우리말로 옮겼고,《니코의 양자 세계 어드벤처》《어린이 과학 형사대 CSI》《공기를 타고 달리는 소리》등 많은 책을 감수했습니다. 현재 수원대학교 물리학과 교수로 재직하고 있습니다.

백명식 글·그림 | 곽영직 감수

초판 인쇄일 2013년 12월 20일 | **1판 2쇄** 2016년 11월 2일
펴낸이 조기룡 | **펴낸곳** 내인생의책 | **등록번호** 제10호-2315호
주소 서울시 영등포구 당산로 41길 11 SKV1 Center W1801호
전화 (02)335-0449, 335-0445(편집) | **팩스** (02)6499-1165
전자우편 bookinmylife@naver.com | **홈카페** http://cafe.naver.com/thebookinmylife

ISBN 978-89-97980-75-8 74080
ISBN 978-89-97980-45-1 (세트)

ⓒ 백명식, 2014

책값은 뒤표지에 있습니다.
잘못된 책은 구입처에서 바꾸어 드립니다.

이 도서의 국립중앙도서관 출판시도서목록(CIP)은 e-CIP홈페이지(http://www.nl.go.kr/ecip)와 국가자료공동목록시스템(http://www.nl.go.kr/kolisnet)에서 이용하실 수 있습니다. (CIP제어번호: 2013027873)

어린이제품안전특별법에 의한 제품 표시
제조자명 내인생의책 | **제조년월** 2016년 11월 | **제조국** 대한민국 | **사용연령** 5세 이상 어린이 제품
주소 및 연락처 서울시 영등포구 당산로41길 11 SKV1 Center W동 1801호 02)335-0449

"달 달 무슨 달
쟁반같이 둥근 달.
어디 어디 떴나."

신 나게 노래를 부르면서
돼지학교 아이들이 달맞이를 가고 있어.
오늘은 쟁반같이 둥근 달을 볼 수 있는
한가위 대보름날이야.

천문대에 이르자 달이 머리 위로 둥실 떠올랐어.
산 위에서 본 달은 더 크고 더 둥글게 보였어.
모두들 넋을 잃고 달을 바라보고 있었지.
"여러분 소원을 빌어 보세요. 달님이 다 이루어 주실 거예요."
방글이 선생님이 말씀하셨어.
아이들은 눈을 꼭 감고 소원을 빌었어.

앗, 외계인이다.

오늘은 추석이야.

커다란 보름달이 정말 아름다워.

꿀꿀 더 알아보기

추석에는 항상 보름달이 뜰까?

산꼭대기나 시골에서는 달을 관찰하기가 도시보다 좋아요. 도시보다 공기가 맑고 달을 보는 데에 방해가 되는 밝은 불빛이 적기 때문이지요. 추석에는 항상 커다랗고 동그란 보름달이 떠요. 왜 그럴까요? 바로 추석이 음력 8월 15일이기 때문이에요. 옛사람들은 추석 보름달을 보고 소원을 빌면 이루어진다고 믿었어요.

"달 여행?"

아이들은 친구들이 어떤 소원을 빌었는지 궁금했어.
"꾸리야, 너는 무슨 소원 빌었니?"
"이번 방학 때 책을 많이 읽을 수 있게 해 달라고 빌었어.
데이지, 넌 어떤 소원을 빌었니?"
"나는 이번에 가는 달 여행을 무사히 다녀오게 해 달라고 기도했어."
"달 여행?"
꾸리의 눈이 보름달마냥 동그래졌어.
"너 수업 시간에 졸았구나. 우리 반 모두가 달 여행 가기로 했잖아."
옆에 있던 도니가 핀잔을 주며 말했어.
"뭐라고? 진짜? 야호! 신 난다."

"달에 대해 미리 조사를 좀 해야겠군."

"달은 지구 주위를 돌면서 하루에 13도씩 동쪽으로 움직인대요. 그러다가 27.3일째 되는 날에 제자리로 돌아온대요."

"달은 자전과 공전하는 데 걸리는 시간이 같아."

"선생님, 달님이 정말로 소원을 들어줄까요?"

꿀꿀ξ 더 알아보기

밀물과 썰물은 왜 생길까?

달은 뜨는 위치와 모양이 날마다 달라요. 달과 지구가 모두 움직이기 때문이에요. 지구는 스스로 도는(자전) 동시에 태양의 주위를 돌고(공전), 달은 이렇게 도는 지구 주위를 돌아요. 이때 태양과 달과 지구 사이에는 다양한 힘이 작용해요. 바로 이 때문에 바닷물이 들어왔다 나가는 썰물과 밀물 현상이 생긴답니다.

지구를 끌어당기는 태양과 달의 인력 그리고 지구의 자전과 공전으로 생긴 원심력이 지구를 서로 끌어당기면서 바닷물의 높낮이를 달라지게 해요. 아래의 그림처럼 달과 가까운 쪽은 달의 인력에 의해, 반대쪽은 지구의 원심력에 의해 육지로 들어오는 밀물이 되고 영향권 밖에 있는 바닷물은 바다로 빠지는 썰물이 되지요.

아이들은 각자 달을 관찰한 뒤, 관찰 일지에 꼼꼼히 자기가 관찰한 것을 적었어.
"아는 만큼 보인다고 해요. 충분히 알고 가야 더 재밌는 여행이 되겠지요?"
방글이 선생님이 아이들에게 달 모양을 관찰 일지에 그리라고 하셨어.
"어? 달이 다시 동그래졌네."
꾸리가 관찰 일지를 보며 중얼거렸어.

꾸리의 관찰 일지 속 달의 모양이 한 달만에
다시 동그란 보름달로 되돌아왔거든.
꾸리는 한 달째 써 온 달의 관찰 일지를
처음부터 다시 훑어보았어.

그때였어. 아이들이 웅성거리기 시작했어.
"앗, 달이 사라졌어요!"
조금 전까지 환하게 빛나던 달이 정말 사라져 버렸어.
그리고 잠시 뒤, 달은 다시 환한 얼굴로 나타났어.
"이게 바로 월식이에요. 달이 지구의 그림자 속에 숨어 있어서
우리 눈에 보이지 않게 되는 거예요.
이 신기한 현상은 보름달일 때만 일어난답니다."
방글이 선생님이 방글방글 웃으며 말씀하셨어.
어떤 아이는 월식 현상을 그림으로 그리고 어떤 아이는 사진으로 찍었어.
꾸리도 월식이 일어나는 과정을 그림으로 그렸지.

꿀꿀ㅌ 더 알아보기

월식과 일식은 무엇일까?

지구가 달과 태양 사이에 놓이는 때가 있어요. 이때 달은 지구의 그림자로 들어가게 돼요. 그럼 우리 눈앞에서 달이 사라지지요. 이것을 '월식'이라고 해요. 월식은 달이 태양의 정반대에 위치하는 보름달일 때 일어나요. 하지만 매달 보름마다 일어나는 것은 아니랍니다. 달의 일부가 어둡게 보이는 것은 부분 월식, 전부가 어두워지면 개기 월식이라고 해요.
반면에 달이 태양을 가려서 낮이 밤처럼 캄캄할 때가 있어요. '태양-달-지구' 순으로 위치하게 될 때예요. 이때 일어나는 현상을 '일식'이라고 해요. 개기 일식은 달이 태양을 전부 가리고 부분 일식은 일부만 가리는 것을 말해요. 금환 일식은 달이 태양을 다 가리지 못해 태양이 고리 모양으로 보이는 때를 말한답니다.

갑자기 아이의 울음소리가 들렸어.
잠시 뒤, 경비 아저씨가 귀엽게 생긴 아이를 데리고 오셨어.
"이 애가 혼자 울고 있지 뭡니까. 오빠를 쫓아왔다고 하네요."
"아가야! 뚝! 하자. 오빠가 누구니?"
선생님이 다정하게 물었어.
꼬마는 대답 대신 손짓으로 누군가를 가리켰어.
바로 꾸리였어.

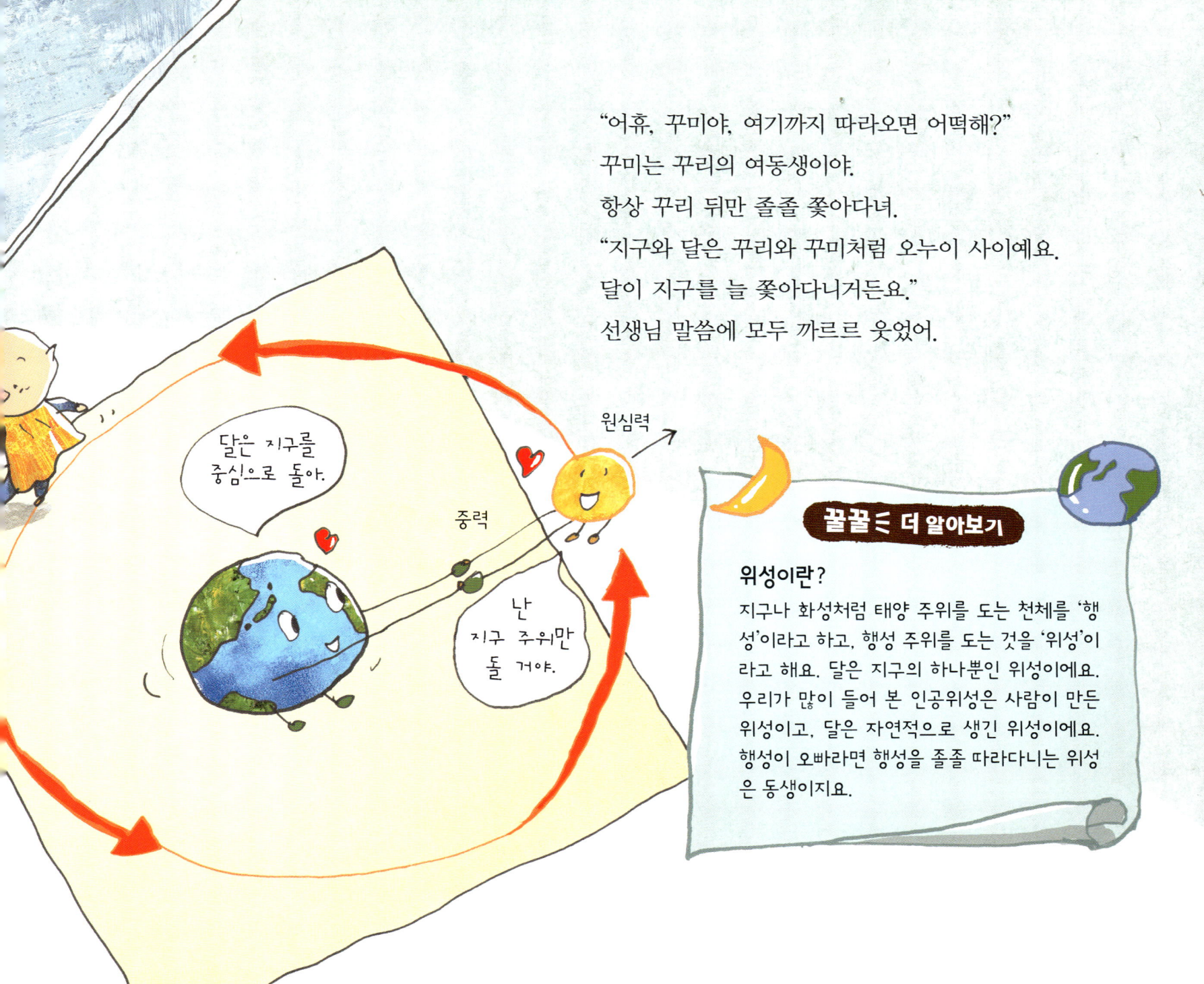

"어휴, 꾸미야, 여기까지 따라오면 어떡해?"
꾸미는 꾸리의 여동생이야.
항상 꾸리 뒤만 졸졸 쫓아다녀.
"지구와 달은 꾸리와 꾸미처럼 오누이 사이예요.
달이 지구를 늘 쫓아다니거든요."
선생님 말씀에 모두 까르르 웃었어.

꿀꿀 더 알아보기

위성이란?

지구나 화성처럼 태양 주위를 도는 천체를 '행성'이라고 하고, 행성 주위를 도는 것을 '위성'이라고 해요. 달은 지구의 하나뿐인 위성이에요. 우리가 많이 들어 본 인공위성은 사람이 만든 위성이고, 달은 자연적으로 생긴 위성이에요. 행성이 오빠라면 행성을 졸졸 따라다니는 위성은 동생이지요.

"오빠, 빨리 일어나! 아직까지 자면 어떡해?"
꾸미가 아침부터 소란을 피우며 소리를 질렀어.
꾸리는 꾸미의 외침에 눈을 비비며 일어났어.
시곗바늘이 8시를 가리키고 있었어.
"앗, 큰일이다. 지각이야!"
꾸리는 옷을 입는 둥 마는 둥 허겁지겁 밖으로 나갔어.
벌써 아이들이 모여 있었어.
맨 앞에 방글이 선생님과 나란히
피그 박사님이 서 계셨어.

그리고 마당 한가운데에는 언제 봐도 멋진 연필호가
하늘을 향해 우뚝 서 있었어.
"오늘 우리를 달까지 안내해 주실 분을 소개할게요."
선생님이 피그 박사님을 아이들에게 소개하셨어.
"여러분, 안녕하세요. 나는 이번 달 여행에서
운전을 맡은 피그 박사라고 합니다."
세상에서 제일 똑똑한 박사님의 인사가 끝나자
아이들이 박수를 쳤어

꿀꿀 더 알아보기

달에 처음 도착한 사람은 누구일까?

최초로 달 표면에 도착한 탐사선은 1959년 소련의 루나 2호예요. 그로부터 10년 후인 1969년 7월 20일, 드디어 미국의 아폴로 11호가 인간을 태우고 달에 착륙했어요. 아폴로 11호의 선장 닐 암스트롱은 인류 최초로 달 표면에 발을 디딘 사람이지요. 우리나라는 1992년 우리별 1호를 발사하여 첫 인공위성을 갖게 되었어요. 그리고 21년 만인 2013년, 우리 땅에서 우리 기술로 개발한 나로호를 성공적으로 쏘아 올렸지요.

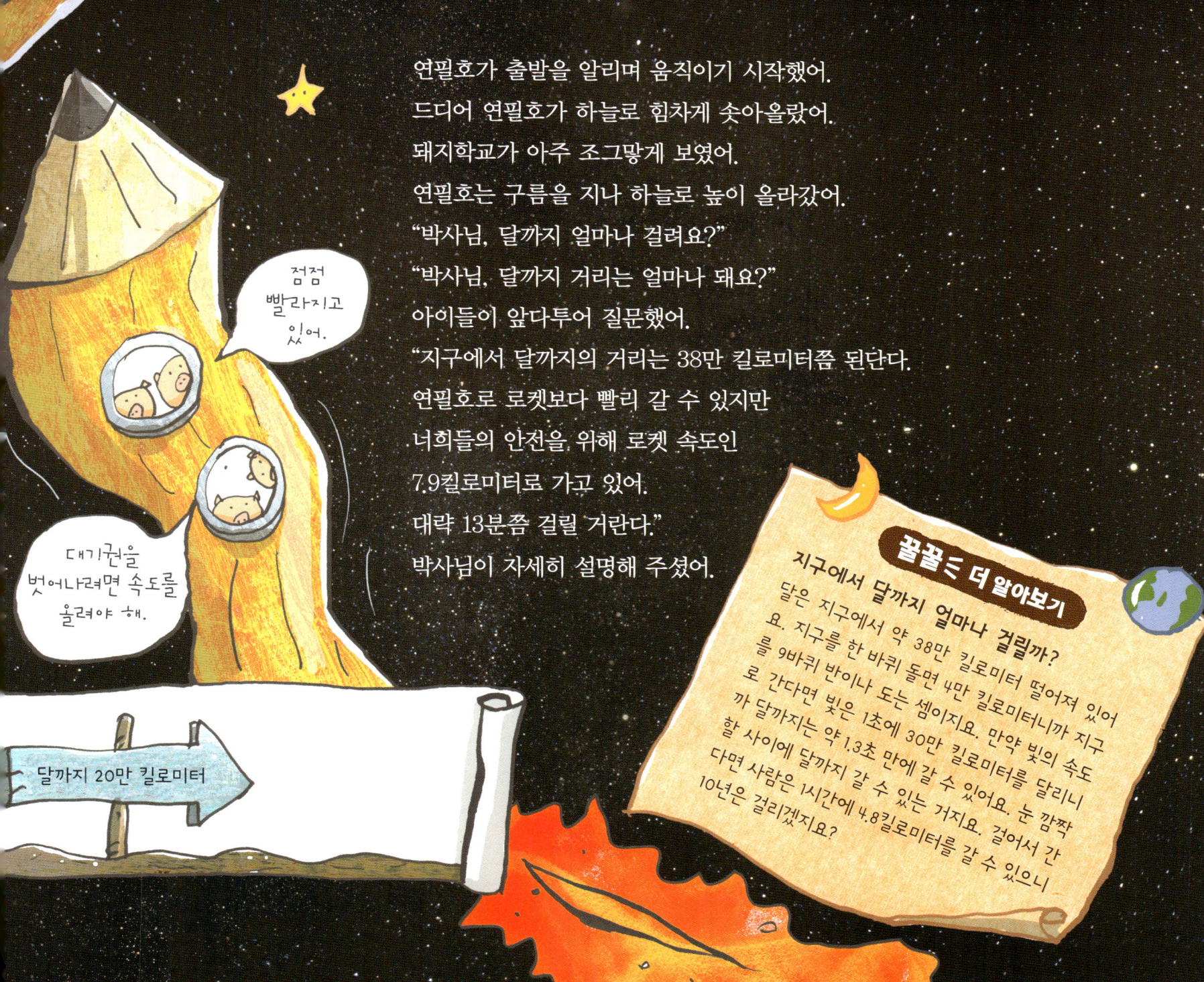

연필호가 출발을 알리며 움직이기 시작했어.
드디어 연필호가 하늘로 힘차게 솟아올랐어.
돼지학교가 아주 조그맣게 보였어.
연필호는 구름을 지나 하늘로 높이 올라갔어.
"박사님, 달까지 얼마나 걸려요?"
"박사님, 달까지 거리는 얼마나 돼요?"
아이들이 앞다투어 질문했어.
"지구에서 달까지의 거리는 38만 킬로미터쯤 된단다.
연필호로 로켓보다 빨리 갈 수 있지만
너희들의 안전을 위해 로켓 속도인
7.9킬로미터로 가고 있어.
대략 13분쯤 걸릴 거란다."
박사님이 자세히 설명해 주셨어.

꿀꿀 더 알아보기

지구에서 달까지 얼마나 걸릴까?
달은 지구에서 약 38만 킬로미터 떨어져 있어요. 지구를 한 바퀴 돌면 4만 킬로미터니까 지구를 9바퀴 반이나 도는 셈이지요. 만약 빛의 속도로 간다면 빛은 1초에 30만 킬로미터를 달리니까 달까지는 약 1.3초 만에 갈 수 있는 거지요. 눈 깜짝할 사이에 달까지 갈 수 있어요. 걸어서 간다면 사람은 1시간에 4.8킬로미터를 갈 수 있으니 10년은 걸리겠지요?

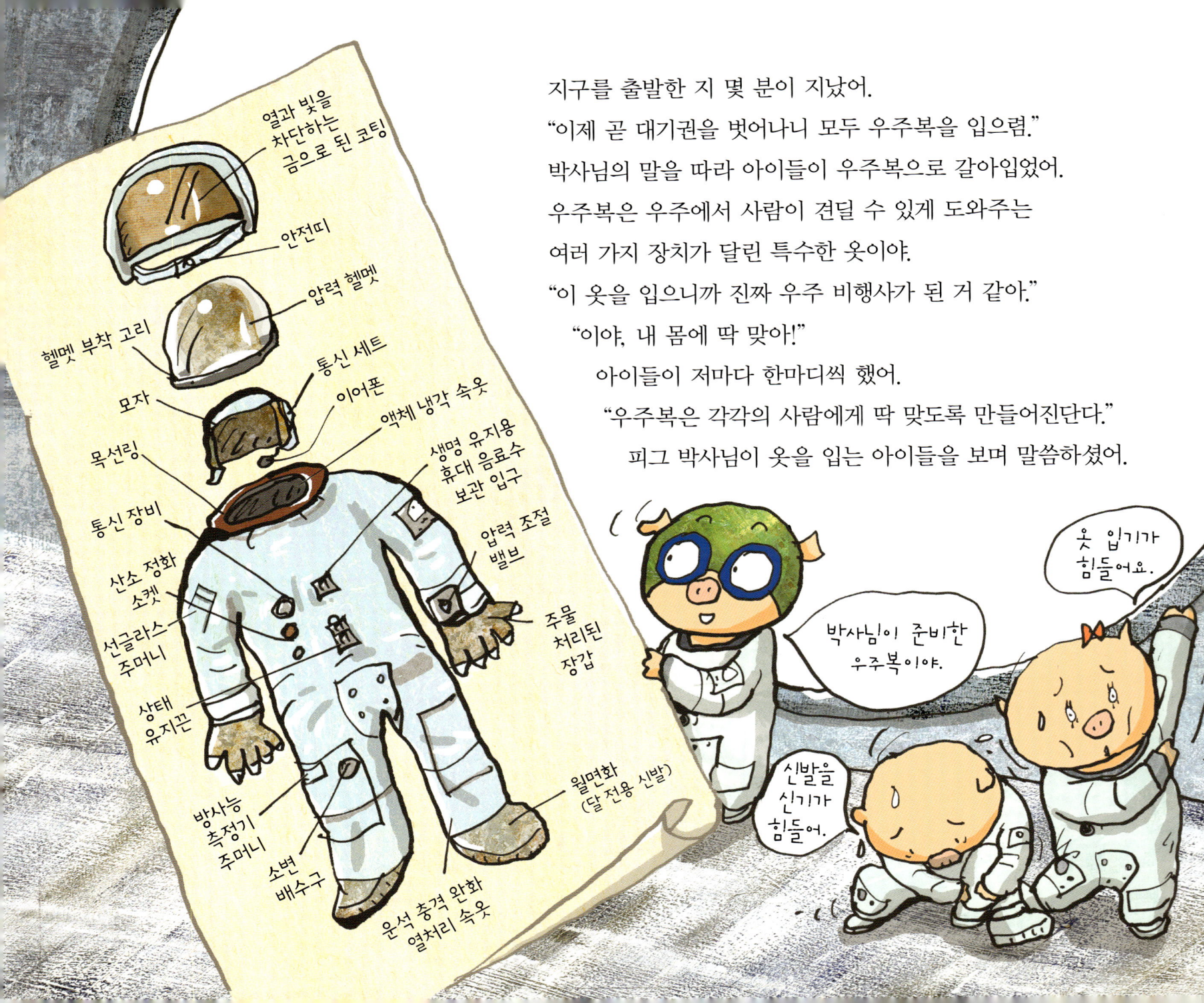

꿀꿀< 더 알아보기

대기권이란?

대기권은 지구를 둘러싸고 있는 대기의 층이에요. 대기권은 대류권, 성층권, 중간권, 열권으로 나뉘어요.

열권은 태양으로부터 직접 열을 받아 위로 갈수록 온도가 높아져요. 오로라가 나타나는 층이고, 절대 온도로 2000도까지 올라가기도 해요.

중간권은 수증기가 없어 기상 현상이 일어나지 않아요. 대기권에서 가장 온도가 낮은 층이에요.

성층권에는 오존층이 있어요. 공기의 움직임이 거의 없어서 항공기가 안정적으로 운항하는 구간이에요.

대류권은 대기권의 가장 아래층이에요. 지표면에서 10킬로미터까지의 대기를 가리켜요. 활발한 공기의 움직임이 대류를 일으켜 눈이나 비가 내리는 기상 현상이 일어나는 곳이에요.

꿀꿀< 더 알아보기

우리가 지구에서 숨 쉴 수 있는 이유는?

우리가 숨 쉴 때 필요한 공기는 어디나 있을 것 같지만 그렇지 않아요. 땅에서 멀어지면 멀어질수록 공기는 없어진답니다. 지구 밖 우주로 나가면 거의 없지요. 지구를 둘러싸고 있는 공기를 '대기'라고 해요. 대기로 싸여 있는 공간을 '대기권'이라고 하는데 지표에서 하늘로 1천 킬로미터까지를 말해요.

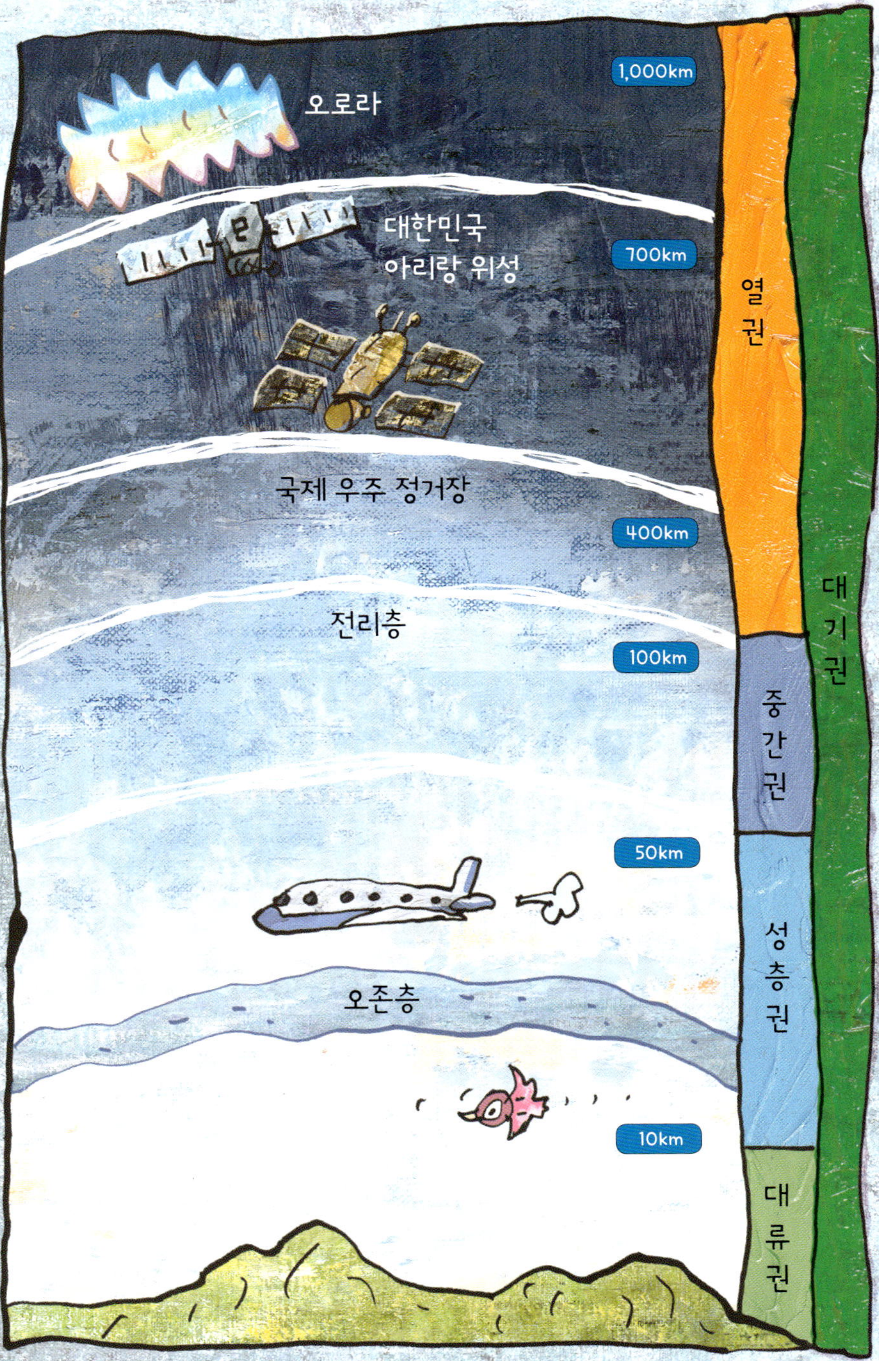

연필호 창밖의 풍경은 고요한 푸른 바다 속 같았어.
"여러분, 창밖의 지구를 한번 보세요."
방글이 선생님이 놀란 표정으로 창밖을 보며 말씀하셨어.
"와, 지구가 파란 구슬 같아요."
"정말 아름다워요."
아이들이 감탄한 목소리로 말했어.
점점 멀어지는 지구는 둥글고 푸른빛으로 보였어.
"푸른색은 바다고 녹색은 산, 갈색은 흙이겠죠?"
"그렇단다."
꾸리의 물음에 박사님이 대답하셨어.
우주에서 본 지구는 정말 아름다웠어.

꿀꿀 더 알아보기

지구는 어떻게 탄생했을까?

아직 정확히 밝혀 내지는 못했지만, 지금까지 받아들여지는 가설에 의하면 46억 년 전 지구는 우주의 가스와 먼지 구름이 뭉쳐져 만들어졌대요. 지구가 막 태어났을 때는 아주 뜨거운 마그마 바다였지요. 그것이 점점 식어서 얇은 땅껍질(지각)이 만들어졌고, 공기 중의 수증기는 물이 되어 바다가 되었어요. 35억 년 전 이 바다에서 원시 생물이 태어났고 4억 년 전에 땅 위에 숲이 생겨서 지금과 같은 녹색 지구의 모습이 되었다고 해요.

아이들이 창밖을 내다보며 손가락으로 지구를 가리켰어.
"우리나라는 저기에 있어."
"아니야. 이쪽이야."
꾸리도 도니와 함께 우리나라를 찾고 있었어.
책에서 보던 것과는 다르게 보여 찾기가 힘들었어.
"자, 이 망원경으로 지구를 찾아보거라."
박사님이 망원경을 주셨어.
아이들은 차례로 지구의 멋진 모습을 관찰했어.
"아주 오래전에는 지구가 하나의 대륙이었다고 해."
"네? 정말요?"
피그 박사님 말씀에 아이들의 눈이 동그래졌어.

"박사님, 지구의 속은 어떻게 생겼어요?"
도니가 물었어.
"지구는 둥그니까 땅 밑으로 계속 가면 지구 반대편이 나오지 않을까요?"
이번에는 데이지가 말했어.
박사님이 대답하려고 하는데 방글이 선생님이
삶은 달걀을 간식으로 들고 들어오셨어.
"와, 간식이다!"
아이들이 환호성을 질렀어.
박사님이 달걀 하나를 집어 껍데기를 까셨어.

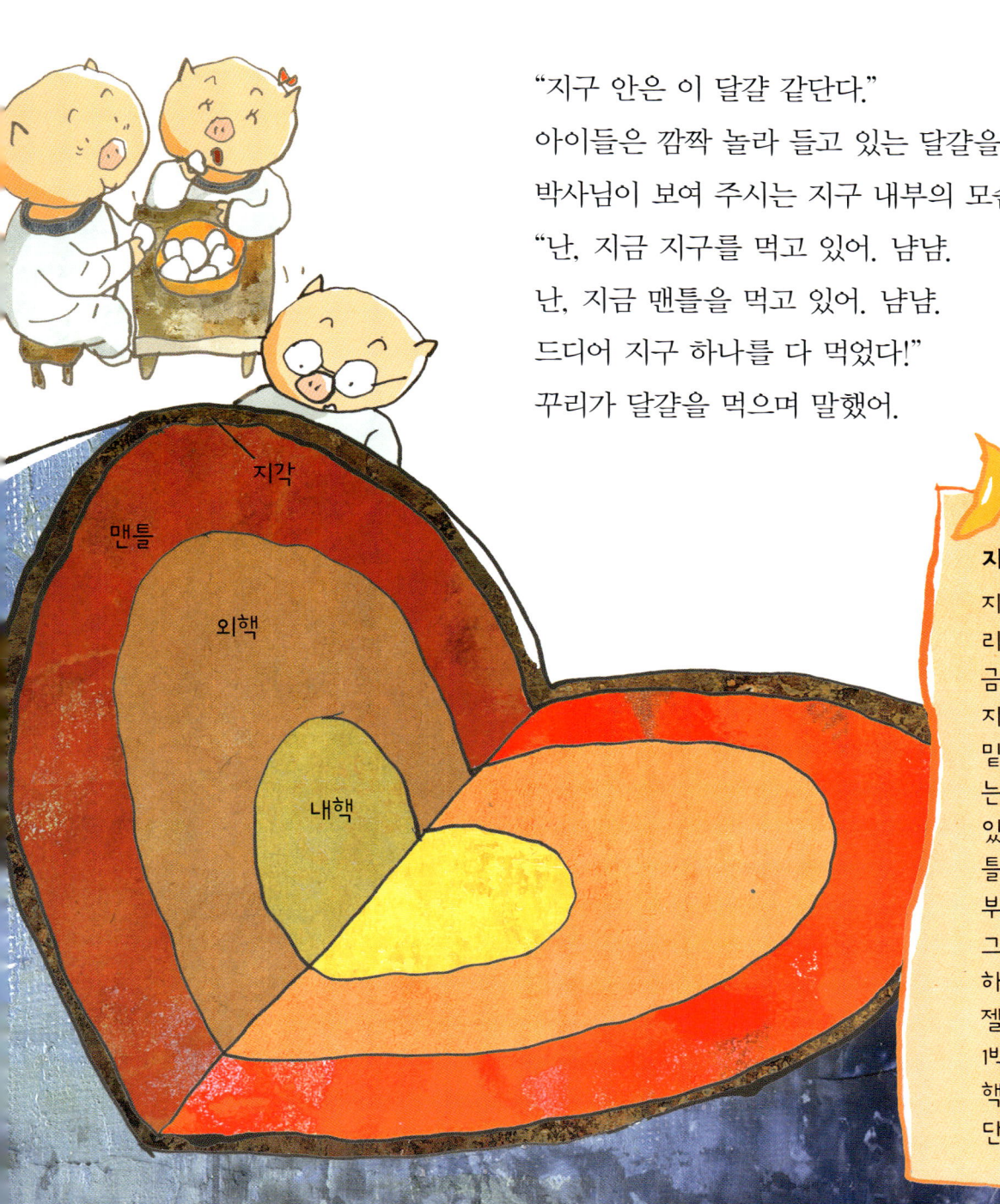

"지구 안은 이 달걀 같단다."
아이들은 깜짝 놀라 들고 있는 달걀을 바라보았어.
박사님이 보여 주시는 지구 내부의 모습은 정말 달걀 속 같았어.
"난, 지금 지구를 먹고 있어. 냠냠.
난, 지금 맨틀을 먹고 있어. 냠냠.
드디어 지구 하나를 다 먹었다!"
꾸리가 달걀을 먹으며 말했어.

꿀꿀 더 알아보기

지구 속은 어떻게 되어 있을까?

지구 중심에서 우리가 사는 지구 표면까지의 거리는 무려 6천 371킬로미터나 돼요. 지구 속이 궁금하다고 파헤쳐 볼 수는 없지만 지진이 날 때 감지되는 지진파를 통해 알 수 있어요. 지진파가 땅 밑을 통과할 때 갑자기 속도가 변하는 구간이 있는데, 그것은 지구의 내부가 똑같은 물질로 되어 있지 않기 때문이에요. 지구의 내부는 지각과 맨틀과 외핵과 내핵으로 이뤄져 있어요. 땅의 껍질 부분인 지각은 흙과 암석으로 이루어져 있어요. 그 안쪽으로 2천 9백 킬로미터까지를 맨틀이라고 하는데, 지구 전체 부피의 80퍼센트를 차지하며 젤리처럼 말랑말랑한 고체 상태이지요. 지하 5천 1백 킬로미터까지는 액체 금속으로 이루어진 외핵이 있어요. 지구의 가장 안쪽에 있는 내핵은 단단한 고체 금속으로 이루어져 있지요.

달의 웅장한 모습이 눈앞에 나타났어.
달이 점점 가까워지자 울퉁불퉁한 달 표면이 더 생생하게 보였어.
"자, 이제 곧 착륙한다."
박사님이 말씀하는 동시에 드디어 연필호가 달에 도착했어.
연필호에서 내린 아이들이 갑자기 떠들기 시작했어.
걸을 때마다 몸이 공중으로 뜨고 다리가 허공에서 버둥거렸어.
"꾸리 오빠, 몸이 둥둥 떠."
"꾸미야, 나도 그래. 내 몸이 왜 이러지? 조금만 뛰어도 붕붕 날아올라."
아이들이 신이 나서 이리 뛰고 저리 뛰고 난리도 아니었어.
"몸이 뜨는 것은 바로 중력 때문이야. 익숙해지면 괜찮으니 걱정하지 마라."
박사님이 말씀하셨어.

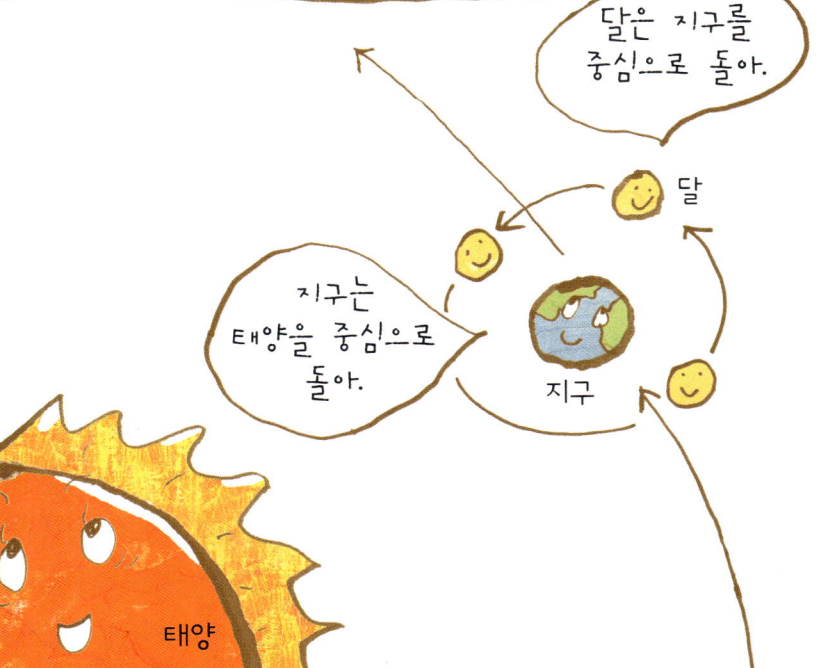

꿀꿀 더 알아보기

중력이란?

중력은 물체를 끌어당기는 힘이에요. 평소에는 잘 느끼지 못해요. 지구는 늘 지구 중심으로 우리를 끌어당기는데, 이것이 중력이에요. 우리가 서 있는 것도, 공이 날아갔다가 다시 떨어지는 것도 모두 중력 때문이지요. 심지어 지구가 둥글게 생긴 것과 달이 지구 주위를 도는 것도 모두 중력 때문이랍니다. 하지만 달은 지구 중력의 6분의 1밖에 되지 않아서 끌어당기는 힘이 부족해요. 그래서 달에서는 몸이 가벼워져 지구에서처럼 똑바로 걷기가 힘들답니다. 지구에서 높이 뛰기를 1미터 뛰었다면 달에서는 6미터 정도는 거뜬히 뛸 수 있답니다.

아이들이 달 박물관으로 가기 위해 연필호에 다시 탔어.
연필호는 언제 어디서든지 마음대로 변하는 멋진 친구야.
이번에는 네 바퀴가 달린 버스가 되었어.
"박사님, 지금이 낮이에요, 밤이에요?"
"지금은 낮이란다."
"어? 그런데 하늘이 왜 이렇게 까매요?"
"저기 위를 보렴. 저렇게 큰 태양이 떠 있잖니."
꾸리의 계속되는 질문에 답하며 박사님이 창밖을 가리켰어.
캄캄한 하늘에 별이 반짝이고 붉은 태양이 떠 있었어.

꿀꿀 더 알아보기

달에도 낮과 밤이 있을까?

달에서는 낮이나 밤이나 하늘이 까매요. 달에는 지구처럼 빛을 산란시킬 대기층이 없기 때문이에요. 하지만 하늘은 까매도 낮에는 달 표면의 물체들이 환하게 보인답니다. 달의 낮과 밤은 무척 길어요. 한 달의 반은 낮이고 반은 밤이랍니다. 그뿐만이 아니에요. 낮과 밤의 온도 차이가 매우 커서 낮은 영상 127도까지 올라가고 밤에는 영하 173도까지 내려가기도 해요. 달은 생각보다 훨씬 더 신비로운 곳이지요?

다음 날, 큰일이 일어났어.
꾸미가 없어지고 만 거야.
"꾸미야, 꾸미야."
모두 꾸미를 찾아 헤맸지만 꾸미가 보이지 않자
박사님과 삼총사는 지도를 펼쳐 놓고 작전을 세웠어.
"구름의 바다, 증기의 바다, 고요의 바다. 바다가 이렇게 많은데 어떻게 찾아요?"
지도를 유심히 바라보던 도니가 물었어.
"이 바다는 지구의 바다처럼 물이 있는 바다가 아니란다."
박사님이 말씀하셨어.

크레이터라고 부르는 구덩이야.

달의 표면은 거칠고 울퉁불퉁해요.
그중 움푹 파인 부분을 '크레이터'라고 불러요.

꿀꿀< 더 알아보기

달에도 바다가 있을까?

달의 지도를 보면 달은 어두운 부분과 밝은 부분으로 되어 있어요. 어두운 곳은 짙은 검은색의 현무암으로 덮여 있는 평원 지역이에요. 이곳을 '바다'라고 불러요. 바다라고 해서 진짜 물이 있는 바다가 아니랍니다. 천문학자 갈릴레오 갈릴레이가 망원경으로 달을 처음 봤을 때 그 부분을 아주 고요한 바다 같다고 생각했대요. 그 후 천문학자 조바니 리촐리가 각 바다들에 이름을 붙였어요.

지도를 들고 박사님이 앞장서서 걸으셨어.
"주변을 벗어나면 위험해. 정신 바짝 차리고 내 뒤를 따라오너라."
한 걸음 두 걸음.
중력이 지구보다 약한 달에서는 걷기가 힘들었어.
몸이 붕붕 떠올라 지구에서처럼 마음대로 행동할 수가 없었어.
'꾸미야, 도대체 어디 있는 거야?'
꾸리는 마음속으로 빨리 동생을 찾게 해 달라고 기도했어.
드디어 저 멀리서 우두커니 서 있는 꾸미를 발견했어.
"오빠, 미안해. 일어나 보니 다들 자고 있길래 밖으로 나와
돌아다니다가 길을 잃었어."
꾸리는 울고 있는 꾸미를 꼭 안아 주었어.

레골리스에는 먼지, 흙, 돌 조각 등이 있어. 지구와 달, 우주를 떠돌아다니는 행성 등에서 발견할 수 있어.

꿀꿀< 더 알아보기

달의 모래, 레골리스

달의 표면은 모래로 덮여 있어요. 이 모래를 '레골리스'라고 불러요. 레골리스는 운석 등으로 인해 잘게 부서진 돌이 쌓인 거예요. 달의 표면 대부분을 작게는 수십 센티미터에서 크게는 수십 미터까지 둘러싸고 있어요. 레골리스는 아주 작아서 우주복이나 정밀기기 속으로 들어가기 쉬워 문제를 일으킬 수도 있어요. 하지만 레골리스의 절반 정도가 산소로 되어 있어 산소 공급원이나 건축 재료로 기대를 받고 있답니다.

박사님은 꾸미를 데리고 서둘러 아이들이 있는 달 박물관으로 돌아갔어.
박물관은 고요의 바다 한쪽 귀퉁이에 있었어.
한쪽에는 루나 2호, 아폴로 11호 등 달에 왔던 우주선 모형들이 있었어.
또 한쪽에는 우주 정거장을 만든 과정을 한눈에 볼 수 있는 사진들도 전시되어 있었어.
옛날 닐 암스트롱이 지구인 최초로 남긴 발자국도 있었지.
무사히 돌아온 꾸미를 보고 다들 반가워했어.

꿀꿀 더 알아보기

달은 어떻게 생겨났을까?

★ 분열설은 지구의 자전 속도가 지금보다 빠를 때, 일부분이 떨어져 나갔다는 주장이에요.
★ 형제설은 형제처럼 동시에 생겨났다는 주장이에요. 46억 년 전에 지구와 달이 만들어졌는데 지구가 크니까 달이 지구를 도는 위성이 되었다고 해요.
★ 포획설은 달이 처음에는 우주를 떠도는 소행성이었는데 지구의 중력에 포획당해서 달이 되었다는 설이에요.
★ 충돌설은 지구가 최초로 형성될 때 아주 커다란 천체와 지구가 충돌했고 이때 지구의 일부분이 떨어져 나가 현재 달이 되었다는 설이에요. 이 주장은 다른 세 개의 주장이 갖고 있는 허점을 보완하고 컴퓨터 시뮬레이션을 통해 타당성이 입증되기도 했어요.

하지만 충돌설이 꼭 맞는 것은 아니에요. 아직 확실한 사실은 누구도 알 수 없답니다. 그렇지만 분명한 건 지구와 달은 떼려야 뗄 수 없는 관계라는 사실이겠지요?

오늘은 달에서의 마지막 수업이야.
그래서 언젠가 달에 올 외계인을 위해서 지구 소개서를 써 두기로 했어.
"지구 소개서는 모두 준비되었나요?
우체통에 넣기 전에 누가 한번 읽어 볼까요?"
방글이 선생님이 손을 들고 있는 꾸리를 지목했어.
꾸리는 밤새 머리를 짜내 쓴
지구 소개서를 읽기 시작했어.

나의 간단한 소개서야.

지구는 달보다 80배 정도가 크군.

이름 : 지구
나이 : 46억 살
몸무게 : 59조 8천억 톤
허리둘레(적도) : 4천 75킬로미터
가장 높은 곳(산) : 8천 850미터
가장 낮은 곳(해구) : 1천 9백 미터

우리에게 필요한 공기와 물을 주는 지구는 참 고마운 행성이야.

지구 소개서

글쓴이 : 돼지학교 꾸리

안녕, 내 이름은 지구야.
내 나이는 올해로 46억 살이고 동그랗게 생겼고
색깔은 푸른색이야.
키는 아마 달보다 내가 훨씬 클 거야.
나의 둘레는 약 4만 킬로미터로, 달의 4배거든.
나는 생물이 숨 쉴 수 있는 공기와 바다나 강으로
변신하는 물, 딱딱하고 단단한 암석을 가지고 있어.
이곳에서 인간과 동물 그리고 식물 같은
여러 생명체가 살고 있지.
인간은 350만 년 전부터 살기 시작했고, 전쟁을
일으켜서 서로 싸울 때를 빼곤 괜찮아.
달이 내 주위를 돌듯이 나도 365일 동안
태양 주위를 한 번 돌고, 혼자서 한 번 도는 데는
24시간이 걸려. 그래서 1년은 365일이고
하루는 24시간이야.

이 편지를 보면 꼭 지구에 들러 주면 좋겠어.
그럼 만날 때까지 안녕.

달에서 보낸 시간이 눈 깜짝할 사이에 지나갔어.
이제 곧 지구로 돌아갈 시간이야.
"누군가 이것을 꼭 봤으면 좋겠어요."
꾸리가 지구 소개서를 달 우체통에 넣으며 말했어.
아이들은 언젠가 달을 방문한 외계인이 우체통을 꼭 열어 보길 기대했어.
연필호가 지구를 향해 천천히 움직였어.
"꾸리야, 달을 방문한 소감이 어땠니?"
"환상적이었어요. 하지만 지구가 더 좋아요. 우리 집은 지구잖아요."
박사님의 물음에 꾸미의 손을 꼭 쥐고 꾸리가 대답했어.
창밖에는 푸른빛의 지구와 회색빛의 달이
정답게 이야기하듯 빛나고 있었어.

용감한 돼지 삼총사와 떠나는 창의적 융합과학 교과서
돼지학교 과학

돼지학교 시리즈는 초등 과학의 4가지 영역인 생명, 지구와 우주, 물질, 운동과 에너지 분야를 재미있는 이야기를 통해 아이들 스스로 과학적 지식을 익힐 수 있게 구성된 과학 책입니다. 돼지 삼총사와 함께 떠나는 신 나는 과학 여행! 그 속에서 여러 가지 미션을 수행하며 자연스럽게 창의적 문제 해결력을 키울 수 있습니다.

한 권 한 권 읽을 때마다 과학 지식이 차곡차곡!

돼지 삼총사와 떠나는 모험으로 과학적 호기심이 쑥쑥!

흥미로운 이야기로 창의적 문제 해결력이 팍팍!

돼지학교 과학

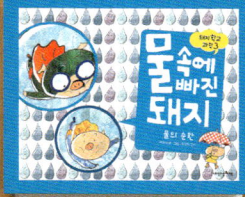

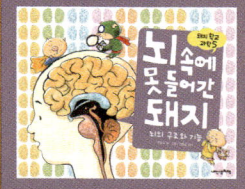

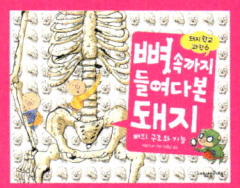

돼지학교 과학 8
빙하로 간
돼지
기후변화

돼지학교 과학 9
씨앗 속으로
들어간 돼지
식물

돼지학교 과학 10
곤충 몸속으로
들어간 돼지
곤충

돼지학교 과학 11
자동차 속으로
들어간 돼지
교통과학

돼지학교 과학 12
갯벌에
빠진 돼지
갯벌

돼지학교 과학 13
미생물을
연구하는 돼지
미생물

돼지학교 과학 14
땅속으로
들어간 돼지
지층과 화석

돼지학교 과학 15
열 받은
돼지
핵과 에너지

돼지학교 과학 16
로켓을 탄
돼지
로켓과 탐사선

돼지학교 과학 17
알을 탐험하는
돼지
알과 껍데기

돼지학교 과학 18
바다로 들어간
돼지
고래

돼지학교 과학 19
마법 부리는
돼지
산과 염기

돼지학교 과학 20
로봇 속으로
들어간 돼지
로봇